LETTRE

DE

M. DE PEIRESC,

Écrite d'Aix à son frère alors à Paris, dans laquelle il lui donne des détails sur une visite que lui avoit fait le Cardinal Barberin, neveu du Pape Urbain VIII , Légat en France, le 27 Octobre 1625.

PUBLIÉE par L. P. D. S. V.

A AIX,

De l'Imprimerie d'Augustin Pontier,
rue du Pont - Moreau,

1816.

Extrait du Magasin Encyclopédique, Numéro
d'Août 1805.

LETTRE

De M. de Peiresc, *écrite d'Aix à son frère alors à Paris, dans laquelle il lui donne des détails sur une visite que lui avoit fait le Cardinal Barberin, neveu du Pape Urbain VIII, Légat en France* (1).

Monsieur mon Frère,

Jamais homme ne fut plus embarrassé que j'ai esté ces jours-ci ; vous aurez appris par mes dernières la funeste nouvelle du décès de mon père, dont les funérailles ne se pouvoient faire plustot que lundi et la neuvaine le mardi, et parmi cela j'ai eu sur les bras monseigneur le cardinal légat et touts ses gens (2) ; mais Dieu a conduit toutes choses

(1) On jugera par cette lettre des richesses du cabinet de Peiresc, dans tous les genres d'antiquités.

F. S. V.

(2) En 1601, Peiresc avoit fait son premier voyage à Rome. Le cardinal Maffeo Barberini et son neveu François l'avoient accueilli avec distinction. La maison Barberini étoit connue par sa science, son goût pour les

assez bien. M. de Forbin la Fare voulut , lors des funérailles , faire le discours au logis , et s'en acquittat fort dignement. Le président de Reauville fit la repartie ; mais il fit des merveilles et obligea infiniment la mémoire du pauvre deffunt et toute la famille. M. Alean- dre (1) étoit deja ceans avec le cavalier

lettres et pour les arts , Maffeo qui , en 1624, fut pape sous le nom d'Urbain VIII , étoit surnommé l'*Abeille attique* , *Apis attica*. Le cardinal François est le même qui fut légat en France et dont il est question dans cette lettre. On voit dans le palais Barberin le portrait de Peiresc et le Pentateuque qu'il légua à cette maison. Le pape et ses neveux voulurent que l'éloge de Peiresc fût prononcé à Rome, après sa mort, et il le fut en qua- rante langues dans l'Académie des Humoristes. Je pos- sède plusieurs lettres du P. Sirmond à Peiresc , dans lesquelles il est parlé du voyage de Peiresc à Rome. Il en avoit rapporté un grand nombre d'instructions , une caisse remplie d'insectes et trois cents médailles grec- ques. Parmi ces médailles , Sirmond estimoit sur-tout un roi Achæus , usurpateur d'une partie du royaume d'Antiochus-le-Grand qui le fit crucifier. Cette médaille étoit alors inédite. **F. S. V.**

(1) Jérôme Aleander, antiquaire, littérateur et juris- consulte , attaché au cardinal Barberin. Je possède un recueil considérable de lettres de Peiresc à ce savant , écrites en italien.

F. S. V.

Doni (1), qui voulurent ouir le tout. Hier nous fimes la neuvaine à huit heures du matin, pour avoir le temps de destendre le deuil de la maison, affin d'y recevoir monseigneur le légat, lequel y vint disner avec la plus-part de son train. Il voulut venir *mezzo scognosciuto*, et que personne n'allast au-devant de lui, si ce n'est moi, qui, au re-tour du service, m'y en allay en carrosse jusques à la descente de la montagne, où il aprit seulement le décès de mon père en voyant mes habits, et faisoit difficulté de venir disner ches nous à cause de ce, disant qu'il disneroit à l'évêché (2), et puis viendroit faire ches nous un compliment de condolé-ance et voir mon cabinet. Je lui dis que puisqu'il vouloit prendre la peine d'y aller pour une chose, il pouvoit bien nous favo-riser d'y prendre la collation en passant, ce qu'il accorda, et voulut aller descendre de carrosse à l'église, où il fut reçu par le

----

(1) Doni étoit d'une famille originaire de Florence, noveu de l'abbé Ant. Fr. Doni, et frère de Louis d'At-tichi, évêque de Riez, auteurs de plusieurs ouvrages savans. **F. S. V.**

(2) L'archevêque d'Aix étoit alors Alfonse-Louis de Richelieu, frère du ministre. Il venoit d'être nommé. Il mourut archevêque de Lyon. **F. S. V.**

clergé en chappes, et y célébra la messe basse
accompagnée toutefois de musique et de beaucoup de solemnité ; il y donna indulgence ,
et puis nous le menames dans des carrosses
de la ville ches nous , où il fut visité par
Messieurs du parlement et des comptes , en
nombre proportionné à celui de l'entrée du
parlement de Paris , les deux premiers pré-
sidens ayant porté la parole en latin (1). Il
vint en rochet et camail au devant d'eux jusques à l'antichambre plus prochaine de la
salle où il les reçeut et escouta toujours debout et tête nue , et leur fit sa repartie de
mesme en latin et nue tête et debout, et puis
les reconduisit jusques dans la salle , ayant
pris le devant. M. d'Oppède fit bien , mais
mon frère de Seguiran fit des merveilles, ne
se contentant pas de termes communs de compliment, mais y entrelassa des affaires de sa
négotiation et de la paix et de la guerre le
plus gentiment du monde en termes très-élé-
gans. Ce qui obligea M. le légat en sa repartie de lui rendre aussi une espèce de
compte de sa négotiation, ce qui eut très

---

(1) Forbin d'Oppède étoit premier président du parlement d'Aix. Seguiran, mari de la sœur de Peiresc, étoit
remier président de la chambre des comptes. F. S. V.

bonne grace. Après il disna et fit asseoir avec lui M. Pamphilio, M. Azzofino, M. le général d'Avignon, le Sieur Saccheti, le cavalier Nari, le colonel Magalotti et M. Pamphilio Persico, et voulut à toute force que j'en fusse aussi. En même temps qu'il disnoit, on fit disner les gentils hommes de sa suite en bon nombre, lesquels furent assez bien servis. A l'issue du disner il voulut aller voir mon estude, et s'y entretint assez long-temps (1); il prit plaisir de voir un bas-relief d'ivoire antique que j'avois recouvré depuis peu, où étoit représenté l'empereur Heraclius à cheval avec des contours où il étoit portant une croix et son fils portant une victoire, et plusieurs provinces captives au dessous; quasi comme celles du grand camayeul de Tibère. Je le lui donnai en partant, il fit grande difficulté de l'accepter, et puis M. Aleandro se

---

(1) Comment le cardinal Barberin, homme savant et curieux, eut-il le temps de voir le cabinet de Peiresc et le grand nombre d'objets qui vont être détaillés, devant aller le soir même coucher à Roquevaire? Il est vrai que Peiresc dit, dans une de ses lettres, qu'il dînoit tous les jours avant onze heures, et que M. le légat étant chez lui, avoit voulu dîner à son heure.

F. S. V.

chargea de le lui porter dans sa litière. Il a plusieurs pièces semblables en même matière d'i-
voire qui seront bien avec celle-là.

Il vit mes médailles et pièces antiques, il
fut esbahi de trouver six médailles de bronze
de l'empereur Othon, mais je lui fis bientôt
apercevoir que de ces six pièces y en avoit
deux latines à la vérité mais d'Alexandrie,
deux de Colonies greques avec les lettres greques et deux véritablement fausses. Ez impé-
riales M. le légat n'en trouvat aucunes fausses
quoique j'en aye plus de trois mille or, argent, bronze de toutes grandeurs. La suite
d'Adrien et particulièrement les égyptiennes
lui plurent beaucoup. Comme il sçavoit que
je m'adonne à la recherche des monnoies modernes, il visitat ce que j'ai recueilli des
roix de France, des papes et particulièrement de ceux d'Avignon et des seigneurs de
France. Un pied fort du bon roi défunt
(Henri 4) lui donna dans la visière si par-
faitement étoit gravé. En ayant deux je lui en
remis un. Je le fis aviser que les monnoies
de Charles magne portoient les mêmes lettres
que les caractères de son seing que l'on voit
souvent sur les chartes données par cet empereur que l'on a dit ne sçavoir lire ni écrire,

ce qui est un peu trop dire. Car je passe l'écriture, et non le sçavoir lire, pensant que ledit empereur avoit sa signature gravée sur métal. Nous regardames mes manuscrits ; parmi il se trouvoit trois divers exemplaires du Pentateuque hébraïque des Samaritains dont je lui fis voir que le plus ancien qui est in quarto est défectueux de plusieurs cayers tant du commencement que de la fin, et le plus recent (qui est in-fol.) et qui n'est pas de soixante dix a douse ans d'antiquité n'est imparfait que d'une seule page de son commencement. L'autre le plus important de tous fit venir l'eau en bouche de M. le légat, parceque comme les triptaples il est escrit par triples colonnes en chaque page qui contiennent non seulement le texte hébraïque primitif mais aussi l'ancienne version arabique et une troisième vulgaire que j'apelle syriaque et non samaritaine (sans déplaire à un sçavant hebreu qui vint un jour en mon logis), mais imparfait en tant de divers endroits qu'il y a bien de quoi déplorer qu'une si digne piece soit passée en mains indignes qui l'ont mutilée. Nous regrettames principalement le commencement à cause de la conformité des nombres des années de l'age de ces anciens patriarches qui eut été bonne à examiner en ces deux versions aussi bien qu'au texte hébraïque, et le livre est de si bonne marque selon ce qui s'y trouve cotté tant à la fin de l'Exode que tout à la fin du volume depuis plus de 400 ans d'un côté et de 200 de l'autre, qu'il méritoit d'être tenu en grande considération. M. le légat vit un petit Lexicon des Samaritains pour ces mêmes trois langues mais imparfait, encore me dit M. le légat vaut-il mieux avoir ces fragmens de Lexicon qui ne sont si modernes qui ne soient de plus de 150 ans. Un petit supplément collé en teste du plus moderne Pantateuque qui est d'un très-vieux Pentateuque où il n'y avoit que la version arabique *è regione* de l'hébraïque frappat les yeux de M. le légat, car vaut mieux ce fragment que tout le reste. Je lui fis voir qu'un bon homme de qui on avoit recouvré les grands triptaples avoit pensé en suppléer les défectuosités en faisant transcrire en charactère syriaque touts les cayers du commencement du texte hébraïque et en deschirant un autre vieux Pentateuque hébraïque escrit en papier de damas près de 180 ans y a, pour en entrelasser quelques cayers et quelques feuillets aux endroits où l'on en avoit arraché aucuns dans cet exemplaire des trip-taples.

M. le légat me trouvat bien riche en manuscrits vieux et modernes. Je lui fis voir deux autographes originaux des lettres escrites à M. Joseph Della Scala, tant par la synagogue des Samaritains d'Egypte , que par un Zacharie lors grand prestre de la synagogue des Samaritains au lieu de Sichem, lesquelles n'ont jamais été portées à leur adresse, estant tombées ez-mains de feu M. de Genebrard, lors archevêque d'Aix. Ce que je vous mande de tous ces détails est pour que vous en avisiés nos amis qui s'intéressoient à la visite de M. le légat. Quand nous vimes les manuscrits grecs, le temps nous manquoit. Je me contentai de montrer quelques petites éclogues manuscrites tirées du temps de Constantin Porphyrogénétes ; deux ou trois chronologistes grecs qui ne sont pas des plus connus, à sçavoir le Joannes Antiochenus , le Joannes Mallala , le Georgius et autres , parmi d'autres recueils des histoires grecques profanes. M. le légat me fit promettre de lui expédier un précis de l'histoire de notre ville d'Aix (ce qu'il demande par-tout où il passe);

je lui indiquai deux ou trois curiosités en notre métropole, dont le bas-relief votif est des plus remarquables (1). Je pris note pour lui des restes d'un theatre ou d'un amphitheatre par dela les minimes où étoit l'ancienne ville (2), et de la tour de notre horologe du palais (3). J'oubliai de dire que M. le légat a été fort rejoui de voir plusieurs médailles que j'ai de divers chapitres de chatedrales, et il sembloit croire que lesdits chapitres faisoient battre monnoie; mais je lui fis remarquer de vieilles notes du prevost de N.-D. d'Avignon, appuyées de déliberations anciennes qui disent que ces médailles étoient des marques que le capiscol donnoit aux pretres qui assistoient à l'office pour tirer leurs prébendes a proportion de leurs services; l'une servoit pour matines, l'autre pour la messe et vepres, et au bout du mois chacun raportoit ces marques, et on donnoit autant

---

(1) Celui que l'on a cru représenter l'accouchement de Léda, aujourd'hui incrusté dans le mur d'une salle de l'Hôtel-de-Ville. F. S. V.

(2) Il n'y en a plus aucune trace depuis long-temps. F. S. V.

(3) Démolie en 1785. Peiresc pensoit que c'étoit un mausolée, ce qui s'est vérifié. F. S. V.

d'argent comptant qu'on avoit de marques,
et quant ils avoient besoin de choses sur mois,
ils portoient lesdittes marques aux marchands,
qui les prenoient pour autant d'argent comptant, parce que au bout du mois le capiscol
les reprenoit et leur donnoit autant qu'auxdits
pretres, de cela apert qu'on ne marquoit pas
les absents sur le livre comme maintenant. Or
les armoiries, par exemple, du chapitre d'A-
vignon, ainsi qu'est prouvé par deux des médailles ci-dessus mentionnées, étoient la figure
du vieux clocher de leur église, qui étoit de
la même façon] avant qu'il eut été abbatu au
temps que Pierre de Lune (1) étoit assiégé
dans son palais. Je me suis entrainé à vous
parler de ceci, parce que vous devés montrer cette lettre à M. l'evesque d'Orleans (2),
qui en prendra notte, etant très-friand de tout
ce qui a raport aux antiquités ecclésiastiques,
ainsi que nous le dimes avec M. le légat; et
pour en revenir à M. le légat, il partit après
pour aller à Roquevaire : je le reconduisis jus-
qu'à S. Marc, et je revins ici pour prendre
le Sieur Aleandro, le Sieur Persico et le Sieur

---

(1) Benoit XIII, anti-pape. F. S. V.
(2) Gabriel de l'Aubespine. F. S. V.

Doni, qui y estoient demeurés à cause que M. Aleandro s'etoit donné une entorse ; ils sont partis aujourd'huy, et je suis demeuré derriere pour les suivre dans quelques jours ; et sur ce je suis, M. mon frère,

Votre

DE PEIRESC.

A Aix, le 27 Octobre 1625.